ALS-Studio-Reihe 780

Petra Kanzleiter

Tiere aus Afrika

Ein kreativer Zoobesuch

Impressum

© Copyright 2004 by ALS-Verlag GmbH, Dietzenbach.
Alle Rechte, auch die des auszugsweisen Nachdrucks,
der fotomechanischen Wiedergabe, der Übersetzung,
der Mikroverfilmung und der Verarbeitung mit elektronischen
Systemen vorbehalten. Jede gewerbliche Nutzung ist nur mit
Genehmigung des Verlages gestattet.
Materialangaben und Arbeitshinweise in diesem Buch sind von
Autor und Verlag sorgfältig erwogen und geprüft, dennoch
kann eine Garantie nicht übernommen werden.
Eine Haftung des Autors bzw. des Verlages und seiner
Beauftragten für Personen-, Sach- und Vermögensschäden
ist ausgeschlossen.

Herausgeber: Kreide, Dietzenbach
Idee, Text und Gesamtkonzept: Petra Kanzleiter
Fotos: Petra Kanzleiter, Weilburg;
      Jürgen Werner Photo-Design, Babenhausen
Satz, Repro und Druck: ALS-Verlag GmbH, Dietzenbach
Bestell-Nr. 29.780
ISBN 3-89135-140-2

Die Deutsche Bibliothek – CIP-Einheitsaufnahme
Die Deutsche Bibliothek verzeichnet diese Publikation in der
Deutschen Nationalbiografie; detaillierte bibliografische Daten
sind im Internet über <http://dnb.ddb.de> abrufbar.

Allgemeiner Lehrer-Service   Tel.: 0 60 74/8 21 60
ALS-Verlag GmbH   Fax: 0 60 74/2 73 22
Postfach 14 40   http://www.als-verlag.de
63114 Dietzenbach   e-mail: info@als-verlag.de

Inhaltsverzeichnis

	Seite
Vorwort	4
1. Afrikas Tierwelt	5
2. Themeneinstieg	6
Geschichten und Bilder	6
Jede Menge Bücher und Bilder	6
Tiermärchen und -geschichten	6
Tieranatomie	7
Spielerische Elemente	8
Fantasiereisen	8
Tier-Spiele	8
Spiel-Gedichte	9
3. Besuch im Zoo	10
Allgemeines	10
Organisatorisches	11
4. Gestaltungsvorschläge	12
Gestaltungstechniken und Materialien	12
Das Zebra: Reißtechnik	13
Die Antilope: Zeichnen mit Zuckerkreide	14
Der Flamingo: Drahtfigur mit Stoff und Wolle	16
Der Elefant: Fingerpuppe aus Gips	18
Der Löwe: Strohkragen-Collage	20
Das Krokodil: Wachsmalkreide mit Wasserfarbe	22
Das Nilpferd: Leder-Collage	24
Die Affen: Schuhkartonplastik	26
Der Elefant: Genähte Filzpuppe	28
Das Zebra: Kartondruck	30
Die Giraffe: Pappmaché-Figur	32
Der Leopard: Stoff-Collage	34
5. Weiterführende Ideen	36
Betrachtung eines Kunstwerks	36
Ausstellung im Klassenraum	36

Vorwort

Kinder und Tiere haben oft eine ganz besondere Beziehung zueinander. Vor allem exotische Tiere, wie Zebra oder Elefant, sind den meisten Kindern vertraut, obwohl sie nur selten eines dieser Tiere aus der Nähe gesehen haben. Sie werden mit viel Abstand und durch Gitterstäbe oder Glasscheiben im Zoo bewundert, in Tierfilmen betrachtet, aber auch durch Geschichten bekannt gemacht.

Wie eng wir eigentlich mit exotischen Tieren verbunden sind, zeigt sich auch in der Umgangssprache des täglichen Lebens. Obwohl es z. B. in unseren Breiten keine Löwen gibt, sind auch wir „stark wie ein Löwe".

Ein Zoobesuch oder das Thema „Tiere aus fremden Ländern" steht in der Grundschule immer wieder auf dem Unterrichtsprogramm. Diese Broschüre soll dazu anregen, das Thema einmal „künstlerisch" in den Schulalltag einzubeziehen. Es gibt völlig unterschiedliche Methoden des kunstpädagogischen Herangehens, von denen hier einige vorgestellt werden.

Vorab einige Worte zum inhaltlichen Aufbau. Zu Beginn werden Hintergrundinformationen über die Tierwelt in Afrika gegeben sowie unterschiedliche methodische Herangehensweisen und Einstiegsmöglichkeiten beschrieben, z. B. der Einsatz von Bildmaterial, Geschichten oder spielerische Elemente. Vertiefend oder auch als Einstieg ist der Zoobesuch zu sehen.

Im Anschluss folgen zwölf behandelte Gestaltungstechniken mit empfohlener Materialauswahl und weiterführenden Ideen. Dieser Hauptteil enthält verschiedene praxisorientierte Vorschläge für einen kreativen Zoobesuch und die Beschäftigung mit einem ausgewählten afrikanischen Tier.

Insgesamt dienen die Anregungen dazu, eigene Wege zu gehen. Einzelne Bereiche können herausgegriffen und den jeweiligen Bedingungen und Zielsetzungen des Unterrichtes angepasst werden. Die Projekte sind auch fächerübergreifend einsetzbar. Je nach Schwerpunkt sind Kombinationen mit Deutsch (Tiergeschichten), Biologie (Tieranatomie, Verhaltensweisen) oder auch Erdkunde (Lebensumwelt Afrika) möglich.

Danken möchte ich allen beteiligten Kindern, die mich aufgrund ihres Interesses ermutigt haben, diese Broschüre zu schreiben. Ich wünsche allen Leserinnen und Lesern viel Spaß beim Ausprobieren.

Petra Kanzleite

Besonders beeindruckend und artenreich ist die Tierwelt der Savannen, die durch große Herden von grasfressenden Tiervölkern (Antilope, Gnu, Gazelle, Büffel und Zebra) geprägt ist. Diesen Huftieren folgen wiederum Raubtiere (Löwe, Leopard, Gepard und Hyäne). Weitere typische Tiere dieser Gegend sind die afrikanischen Elefanten, Giraffen, Nashörner oder Schakale, aber auch der afrikanische Strauß, der Pavian und das Warzenschwein sind hier zu Hause.

170 000 km² Afrikas sind mit Wasser bedeckt, was Tiere der unterschiedlichsten Art anzieht. Krokodil und Flusspferd sind sicherlich die auffälligsten Wasserbewohner Afrikas, aber auch zahlreiche Wasservögel (Flamingo, Pelikan, Kormoran, Nilgans und Fischadler) und Froscharten haben hier ihren Lebensraum.

Auch die Regenwälder Afrikas haben wieder ihre ganz eigene Tierwelt. Sie sind Heimat vieler großer Menschenaffen (Gorilla, Schimpanse) und Meerkatzenarten, aber auch das mit der Giraffe verwandte Okapi ist hier zu Hause.

Literaturvorschlag
Wolfgang Hensel/Hildburg Thiemeyer: Der neue Kinder-Kosmos. Tiere in Afrika, Franckh-Kosmos Verlag 1995
(für 10–12 Jahre; Afrikanische Tiere werden in ihrer natürlichen Umgebung vorgestellt)

1. Afrikas Tierwelt

Afrika ist als zweitgrößter Erdteil rund 30 Millionen km² groß (entspricht ungefähr der dreifachen Fläche Europas) und umfasst damit ein Fünftel der Landfläche der Erde. Aufgrund der Größe erstreckt es sich über unterschiedliche Klima- und Vegetationszonen, die sich wiederum auf die dortige Tierwelt auswirken. Das Klima reicht vom subtropischen Mittelmeerklima, über Halbwüste, Wüste, Savanne und Busch bis zum tropischen Regenwald. Afrika ist der tierreichste Erdteil, einige Tierarten – wie z. B. die Giraffe – gibt es in Freiheit nur hier.

2. Themeneinstieg

Einstiege ins Thema sind immer von besonderer Bedeutung. Erfahrungen in der praktischen Arbeit zeigen, dass Kinder, die einmal begeistert Kontakt zu einem Thema aufgenommen haben, meist auch längerfristig mit großem Interesse daran teilhaben. Um einzelne Herangehensweisen deutlich zu machen, werden sie hier isoliert dargestellt.

GESCHICHTEN UND BILDER

Jede Menge Bücher und Bilder

Ein großer Tisch, voll mit unterschiedlichsten Büchern, Bildern und anderen Medien ist ein optisch ansprechender und gut in den Schulalltag zu integrierender Einstieg. Hier ist Platz für viele aufgeschlagene Bildbände, Tierpostkarten, evtl. Fotos vom Zoobesuch, kleine Tierfiguren, Poster, Bilderbücher und Geschichten zum Thema. Wichtig ist ein möglichst großzügiges, breit gestreutes und vor allem optisch anregend präsentiertes Angebot. Auch kürzere Film- oder Tonbandaufnahmen können ergänzend eingesetzt werden.

An der Beschaffung des Materials können sich die Kinder beteiligen, indem sie z. B. kleine Plastiktiere von zu Hause mitbringen; auch aus Tierpostern und Tierzeitschriften lassen sich anschauliche und erklärende Abbildungen zusammenstellen. Durch das Mitsammeln setzen sich die Kinder bereits vorab mit dem Thema auseinander. Um eine gewisse Übersichtlichkeit zu wahren, sollte bereits gezielt auf das/die später behandelten Tier(e) hin gesammelt werden.

Planen Sie für diesen Einstieg genügend Zeit für ein selbstständiges Entdecken der ausgelegten Medien ein. Die eigenständige Erarbeitung kann durch das Vorlesen bzw. gemeinsame Lesen einer Geschichte oder das gemeinsame Betrachten einer Abbildung ergänzt bzw. abgeschlossen werden.

Tiermärchen und -geschichten

Jedes Kind weiß wie ein Elefant aussieht: er ist grau, hat einen langen Rüssel und große Ohren. So ein Elefant ist aber oft in der kindlichen Fantasie noch mehr: er ist mutig und stark, besonders weise oder manchmal einfach nur faul und träge. Dieser kindlichen „Vermenschlichung" von Tieren entsprechen viele Tiermärchen und -geschichten. Auch hier bekommt der Elefant einen Charakter.

Die Kinder identifizieren sich häufig mit diesen den Tieren zugeschriebenen Eigenschaften und der Elefant wird so in ihrer Vorstellung zum lebendigen und vorstellbaren Wesen.

Geschichten sind meist ein sehr guter Einstieg für eine kreative Beschäftigung. Im Laufe der Geschichte entwickeln die Kinder eine Vorstellung davon, was sie später darstellen wollen. Für die spätere kunstpädagogische Arbeit beeinflusst eine solche Identifikation mit dem dargestellten Tier den Arbeitsprozess entscheidend. Der Elefant ist jetzt nicht mehr nur irgendein Elefant, sondern ein ganz spezieller und persönlich bekannter, der so natürlich mit viel mehr Liebe und Geduld dargestellt wird.

Am Anfang steht das genaue Beobachten der Tiere. Nehmen Sie sich ausreichend Zeit dafür, denn nur etwas, was ich genau kenne, kann ich genau darstellen. Für Kinder ist eine allgemeine Frage nach dem Aussehen bzw. nach anatomischen Gegebenheiten oft leichter mit kleinen Hilfestellungen zu beantworten. Deshalb empfiehlt es sich, mit ganz einfachen Fragen zu beginnen.

Wie viele Beine hat denn so ein Zebra? Und wie viele Augen/Ohren usw.? Das erste Eis ist gebrochen und die Kinder sind dann meist mutiger in ihren Antworten. Was fällt Euch denn besonders am Zebra auf? Hat es denn überall Streifen (z. B. auch in der Mähne, an den Ohren, der Nase, am Bauch, am Schweif)? Verlaufen die Streifen immer in der gleichen Richtung? Es gibt unzählige solcher spannenden Fragen.

Mögliche Fragen für die Initiierung einer solchen Beobachtung sind: Ist das Tier groß, ist es klein? Ist es schwer, ist es leicht? Ist es schnell, ist es langsam? Ist es dick, ist es dünn? Hat es ein Fell? Ist sein Fell lang oder kurz? Wie könnte sich das Fell bzw. die Haut anfühlen? Ist seine Haut runzelig oder glatt? Welche Farbe hat es? Was gibt es für Besonderheiten? Hat es eine Nase, einen Schnabel, einen Rüssel oder eine Schnauze? Wie riecht das Tier?

Tieranatomie

Wie sieht ein Zebra eigentlich genau aus? Bei der künstlerischen Darstellung von Tieren tauchen bei den Kindern immer wieder Fragen auf, wie z. B. „hat das Zebra jetzt am Bein die Streifen so rum oder so rum", „wie ist das mit den Ohren"? Gerade so ein Einstieg ist dazu gedacht, es den Kindern zu ermöglichen, auf ihre Fragen eigene Antworten zu finden.

Anhand ausgewählter Abbildungen oder besser noch direkt vor Ort im Zoo wird mit den Kindern bewusst das Aussehen eines Tieres vor der eigentlichen künstlerischen Arbeit besprochen.

SPIELERISCHE ELEMENTE

Viele afrikanische Tiere, wie z. B. der Löwe oder der Elefant, werden wegen ihrer Kraft, ihrer Eleganz, Intelligenz oder auch Schnelligkeit bewundert. Sie werden deshalb auch oft herangezogen, um bestimmte menschliche Eigenschaften dabei zu erkennen und zu verdeutlichen.

Dieser spielerische Einstieg setzt genau an diesen Vorstellungen über die Tiere an, denn oft vermischt sich Wissen und Fantasie zu einer ganz eigenen Idee. Es empfiehlt sich also, nach dem jeweiligen Spiel ausgiebig mit den Kindern über das Tier zu reden, ihr bereits vorhandenes Wissen zu sammeln. Die Überlegungen fließen dann in die kreative Arbeit ein. Was müssen wir denn unbedingt darstellen bei dem Tier? Woran erkennt man das Tier auf den ersten Blick?

Fantasiereisen

Die Kinder suchen sich einen ruhigen Ort, vielleicht sogar im Freien auf einer Wiese oder unter einem Baum. Sie legen sich (eventuell auf einer Decke) auf den Rücken und sollen nun nicht mehr reden. In Gedanken reisen sie nach Afrika.

„Wir steigen nun in ein Flugzeug und reisen gemeinsam nach Afrika. Nach einer Weile öffnet sich die Türe des Flugzeuges und wir sehen schon in der Ferne die afrikanische Steppe. Es ist warm, die Sonne scheint. Wir gehen näher heran und erkennen viele verschiedene Tiere. Da gibt es eine Löwenfamilie, eine Herde Elefanten und gleich daneben stehen Zebras am Fluss. Auch Flamingos gibt es an einem großen See und Krokodile, direkt neben den Flusspferden. Sie ruhen sich in der Mittagshitze aus.

Dies ist genau der richtige Moment, um sich ein bisschen mit einem der Tiere näher zu beschäftigen. Sucht euch ein Tier aus und setzt euch zu ihm ins Gras. Das Gras kitzelt. Das Tier scheint ganz friedlich zu sein, es lässt sich sogar anfassen. Es erzählt, was es heute schon alles erlebt hat ... (diese Phase kann je nach Aufmerksamkeit der Kinder ausgedehnt werden). Nun wird es leider Zeit, zu gehen. Wir verabschieden uns von unserem Tier, steigen wieder ins Flugzeug und fliegen zurück."

Anschließend kann in der Gruppe erzählt werden, welche Tiere sich die Kinder ausgesucht hatten und wie es ihrer Meinung nach in Afrika aussieht. Ausgetauscht werden kann dabei auch, welche Eigenschaften und welche Verhaltensweisen das ausgewählte Tier zeigte. Wirkte es eher frech, eher etwas schüchtern, was hat es gemacht, was hat es erzählt usw.

Nach dieser Einstiegsphase kann nun gezielt auf ein einzelnes Tier eingegangen werden (siehe einzelne Gestaltungsvorschläge ab Seite 12) oder eine relativ offene Aufgabenstellung gewählt werden, die es jedem Kind ermöglicht, sein erlebtes Tier fantasievoll umzusetzen.

Tier-Spiele

Die im Folgenden genannten Spiele können entweder als Block für den Einstieg genutzt werden oder immer mal wieder zwischendurch als Auflockerung dienen.

Tiere raten: Ein Tier wird beschrieben (z. B. es ist sehr groß, kann schnell laufen, hat ein zotteliges Fell) und andere Kinder müssen raten, um welches Tier es sich handelt.
Variante: Ein Kind stellt pantomimisch ein Tier dar und die anderen müssen es erraten.

Etwas stimmt nicht: Ein bereits genanntes Tier wird beschrieben und in dieser Beschreibung muss etwas Falsches eingebaut werden. Die anderen Kinder müssen die Fehler finden.

Gangart: Mehrere Kinder machen die Gangart eines Tieres nach, andere sollen daran erkennen, um welches es sich handelt. Der Elefant geht beispielsweise gemütlich stapfend, schwingt ab und zu seinen Rüssel und trötet etwas dabei. Der Löwe schleicht sich langsam an und springt dann plötzlich los.

Tierstimmen: Kärtchen mit Tierbildern werden vorbereitet; Kleingruppen ziehen verdeckte Kärtchen und müssen Tierstimmen nachmachen, z. B. brüllen wie ein Löwe, plappern wie ein Papagei. Die anderen Kinder raten.

Spiel-Gedichte

Der Elefant ist gerade bei spielerischen Einheiten sehr beliebt. Er wirkt sehr groß, stark und dennoch nicht bedrohlich. Er ist ein sehr soziales Tier, lässt sich leicht imitieren und bietet viele verschiedene Ausdrucksmöglichkeiten.

Das nachfolgend etwas ausführlicher behandelte Spiel ist auf die praktische Umsetzung der Elefanten-Fingerpuppe (S. 18) abgestimmt. Das Gedicht kann z. B. als Einstieg oder als Abschluss einer kreativen Einheit gespielt werden.

Das Spiel-Gedicht wird komplett mit einer Hand gespielt. Es bietet sich an, einen Kreis zu bilden, sodass alle Kinder die vorgemachte Handbewegung sehen und gut nachmachen können. Zeile für Zeile wird nun das Gedicht vorgelesen und dann von allen gemeinsam die jeweilige Bewegung dazu gemacht. Der Fantasie sind keine Grenzen gesetzt und oft haben die Kinder sehr gute Ideen für eigene Bewegungen.

„Der Hand-Elefant"

Schau, da kommt mein Elefant,
Hand kommt hinterm Rücken vor
kommt dahergerannt, -rannt, -rannt.
Finger imitieren Rennen
Schnauft und schnauft und schnauft so sehr,
Schnaufgeräusche machen
schwenkt den Rüssel hin und her.
Zeigefinger hin und her bewegen
Kommt direkt aus Afrika
Land mit Finger aufmalen
seit zwei Stunden ist er da.
zwei Finger zeigen
Ist er denn zu Fuß gekommen?
Laufbewegung mit Fingern
Hat ein Bus ihn mitgenommen?
ganze Hand langsam bewegen
Oder reist er per Bahn?
ganze Hand schneller bewegen
Kam er mit dem Schiff hier an?
Wellenbewegungen machen
Ist er durch die Luft geflogen?
Flugbewegung machen
Glaub mir, alles ist gelogen:
Zeigefinger hin und her bewegen
Dieser kleine Elefant
mit Fingern klein nachahmen
wird gespielt von meiner Hand.
Hand deutlich zeigen

Text von Dorothée Kreusch-Jakob
(aus „Finger spielen – Hände tanzen"
Don Bosco Verlag München)

3. Besuch im Zoo

ALLGEMEINES

Ein Besuch im Zoo und die kunstpädagogische Arbeit vor Ort ist als Einstieg für ein längerfristiges Projekt gut geeignet, da dort ein „persönlicher" Kontakt zu den Tieren möglich ist. Lebende Tiere üben gerade auf Kinder eine besondere Faszination aus und die Zooatmosphäre lässt sich im Klassenzimmer nur schwer nachahmen.

„Man kann nicht lange in einer großen Stadt sein, ohne in den Zoo zu gehen. Manche Leute fangen den Zoo mit dem Anfang an, der „EINGANG" heißt und gehen so schnell wie möglich an jedem Käfig vorbei, bis sie zu dem Käfig kommen, an dem „AUSGANG" steht, aber die nettesten Leute gehen geradewegs zu dem Tier, das sie am liebsten haben und dort bleiben sie dann …" [1] So beginnt Alan A. Milne seine Geschichte „Pu der Bär".

Schließen Sie sich Milne an. Lassen Sie sich Zeit bei Ihrem Zoobesuch. Wählen Sie bewusst ein einziges Tiere aus, dem sich die Kinder intensiv widmen können. Denn gerade das genaue Beobachten der Tiere, das Erfassen der Tieranatomie macht die kunstpädagogische Arbeit im Zoo interessant und zu etwas Besonderem.

Trotz der thematisch festgelegten und damit zielgerichteten Arbeit im Zoo, sollte ausreichend Freiraum für eigene Entdeckungen der Kinder bleiben. So kann z. B. auf dem Rückweg Zeit zum Anschauen anderer Tiere und Fragen eingeplant werden. Auch eine kurze „Essenspause" im Zoo bietet noch mal Gelegenheit, auf Fragen der Kinder einzugehen.

Die Größe des Zoos und der Bestand an Tieren ist nicht wirklich ausschlaggebend. Sicherlich werden sich nicht in jedem Zoo Zebras, Elefanten oder Flamingos finden.

Viele Vorschläge lassen sich jedoch leicht auf einheimische Tiere eines nahe gelegenen Geheges übertragen. Oft ist es auch sinnvoll, nicht nur „bekannte" Tiere, sondern gerade „exotische" Tiere, wie z. B. das Okapi vorzustellen.

Der Besuch im Zoo kann bei sorgfältiger Planung zu einem eindrucksvollen Erlebnis für alle Beteiligten werden. Unterrichtssituationen an einem außerschulischen Lernort sind natürlich nie ganz planbar. So kann z. B. auf dem Weg zum Zebra, der Löwe plötzlich in seinem Käfig laut brüllen und die Zebras für die Kinder völlig in Vergessenheit geraten lassen. Planen Sie Zeit für „plötzliche" Änderungen ein und genießen Sie das spontan Erlebte.

[1] Alan A. Milne „Pu der Bär". Gesamtausgabe 1997 (dtv junior), S. 12

ORGANISATORISCHES

Wetterlage

Bei der Planung eines solchen Projektes im Zoo spielt auch die jeweilige Wetterlage eine große Rolle. Das tollste Projekt macht bei Dauerregen und Kälte nur halb so viel Freude. Deshalb ist das späte Frühjahr bzw. der Sommer besonders günstig.

Absprache mit dem Zoo

Vor einem Besuch mit einer Klasse sollte die Lehrkraft mindestens einmal den ausgewählten Zoo gesehen haben. Viele Zoos bieten kostenlosen Eintritt für Lehrer und Lehrerinnen und häufig finden sich auch Zooschulen, die bei der Vorbereitung behilflich sind. Sprechen Sie vorab mit der Zooverwaltung, oft gibt es auch die Möglichkeit einer Zusammenarbeit, z. B. im Rahmen der Tierfütterung oder Betreuung von Jungtieren. Ein Lageplan gibt Auskunft über die im Zoo befindlichen Tiere und zeigt die optimalen Wege zum jeweiligen Gehege.

Gespräch mit den Kindern

Vereinbarte Regeln mit der Klasse vor dem Zoobesuch sind sehr sinnvoll. Die Kinder sollten wissen, dass die Tiere nicht gefüttert werden dürfen, schon gar nicht mit Süßigkeiten. Zäune sollten nicht überstiegen werden. Kinder versuchen oft, durch Lärm und provokatives Verhalten ruhende Tiere zur Aktion zu veranlassen. Auch darüber im Vorfeld sprechen. Zur Sicherheit sollte die Gruppe während des Zoobesuches zusammenbleiben.

Auswahl geeigneter Materialien

Bei der praktischen Arbeit im Zoo ist es ratsam, nur mit Materialien zu arbeiten, die leicht dorthin transportierbar sind und keine „bleibenden" Spuren hinterlassen. Das Aufräumen wird erleichtert, wenn zuvor auf einer ausgebreiteten Folie oder Zeitungspapier gearbeitet wurde. Die besuchten Plätze sollten hinterher wieder sauber sein, bitte auch an die kleinen Papierschnipseln denken. So werden Sie auch beim nächsten Projekt wieder freundlich im Zoo empfangen.

Auswahl eines „Arbeitsplatzes"

Suchen Sie sich für die praktische Arbeit vor Ort Stellen aus, an denen Sie mit ihrer Gruppe die anderen Besucher nicht behindern und dennoch direkten Blickkontakt zu den Tieren haben. Oft gibt es kleinere Nischen oder Winkel, in denen eine Bank steht, vor der die Kinder auch auf dem Boden arbeiten können. Am besten beim „Test"-Besuch eine geeignete Stelle aussuchen.

Transport der Bilder

Der Heimtransport der Bilder verläuft in der Regel schonender, wenn sie zunächst alle eingesammelt, dann ungerollt in einer großen Tüte verpackt und erst zu Hause wieder von den Erwachsenen ausgegeben werden.

4. Gestaltungsvorschläge

Gestaltungstechniken und Materialempfehlungen

Anliegen dieser Broschüre ist es, ein breites Spektrum an unterschiedlichen Techniken vorzustellen. Abwechslung und der Einsatz auch etwas außergewöhnlicher Techniken erhöhen den Reiz. Collagetechniken sind beispielsweise auch für „Ungeübte" eine gute Möglichkeit, ein befriedigendes Ergebnis zu erhalten.

Alle gezeigten Techniken können natürlich auch mit anderen als den vorgeschlagenen Tieren kombiniert werden. Passen Sie diese einfach den jeweiligen Bedingungen an, z. B. anderen im Zoo vorhandenen Tieren oder einer individuell erzählten Geschichte. Die Reißtechnik (Beispiel Zebrastreifen) eignet sich hervorragend für alle Tiere mit auffälligem Fellmuster.

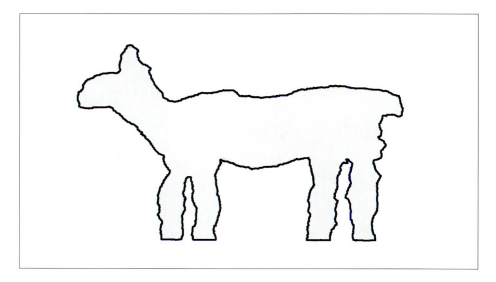

Die Technik der Übermalung (Beispiel Krokodil im Wasser) lässt sich auf fast jedes andere Tier übertragen. So wird anstelle des blauen Wassers ein grüner Urwald oder eine gelbe Wüste gemalt. Nur wenige Beispiele sind aufgrund der anatomischen Besonderheiten der Tiere nicht übertragbar (Beispiel Strohcollage Löwe).

Um die praktische Anwendung der Broschüre zu vereinfachen, sind alle Informationen zu den vorgestellten Techniken den jeweiligen Beispielen direkt zugeordnet.

Das Zebra: Reißtechnik

Jedes Kind weiß eigentlich, wie ein Zebra aussieht. Beim genaueren Nachfragen ergeben sich jedoch meist neue Fragen. Wie ist das denn jetzt ganz genau mit den Streifen?

Im zweiten Kapitel zu den Themeneinstiegen: Geschichten und Bilder (S. 7) „Tieranatomie" wird eine beobachtende Beschreibung genau erläutert. Für den folgenden Gestaltungsvorschlag ist sie Grundlage der kreativen Arbeit. Dem gemeinsamen Gespräch sollte hier deshalb besonders viel Zeit gewidmet werden.

Mit direktem Blickkontakt zum Zebra im Zoo (oder zu einer großen Abbildung) und mit reichlich weißem Papier ausgestattet, geht es darum, ohne weitere Hilfsmittel (also ohne Aufzeichnen und ohne Schere) den Umriss eines Zebras aus dem Papier zu reißen. Stück für Stück sollen, gemeinsam mit den Kindern, die Konturen des Zebras (mit den Augen) abgetastet werden.

Die Begleitpersonen beschreiben möglichst ausführlich, was sie selbst gerade sehen. Sie beginnen z. B. am Rücken, beschreiben die kleine Kuhle am Rücken, wie der Hals ansteigt bis er bei den Ohren ankommt usw. Beobachten und gleichzeitiges Arbeiten der Kinder erleichtert ihnen das Sehen und auch die Umsetzung auf Papier. Die Kinder immer wieder zwischendurch ermutigen, da das freie Arbeiten für viele erst einmal ungewohnt ist.

Reißtechnik:
Langsames Reißen ist sehr wichtig, da sonst zu viel oder in die falsche Richtung gerissen wird. Der Daumen setzt an der Stelle an, an der gerissen werden soll. Immer nur ein Stück mit dem Daumen an der „gedachten" Kontur des Tieres nachrutschen, und ein Stückchen weiterreißen. Ruhig mehrere Versuche machen lassen.

So entsteht nach und nach ein „weißes" Zebra. Die dunklen Streifen aus gerissenem schwarzem Tonpapier entsprechend der Fellzeichnung aufkleben. Kleine Knöpfe oder Perlen als Augen und Gras bzw. kleine Steinchen für die umgebende Landschaft dazukleben.

Material: reichlich weißes Papier DIN A4, einige Seiten schwarzes Tonpapier DIN A4, Klebestifte, Tonkarton in beliebiger Farbe (Hintergrund), kleine Knöpfe oder Perlen (Augen), Naturfundstücke

Die Antilope:
Zeichnen mit Zuckerkreide

Ausgestattet mit der vorbereiteten Zuckerkreide (siehe Rezept) und einem großen schwarzen Tonpapier, sitzen die Kinder während des Zeichnens direkt vor dem Gehege und haben ständig Blickkontakt zum Tier. Eventuell auftretende Unsicherheiten (wie sieht den jetzt noch mal das Horn aus?) können so gleich selbstständig gelöst werden. Etwas Hilfe brauchen die Kinder meist nur beim abschließenden Fixieren. Es sollte formatfüllend gearbeitet werden.

Reizvoll ist es auch, innerhalb des Zoos mehrere unterschiedliche Antilopenarten zu betrachten. Eine bildnerische Umsetzungsmöglichkeit wäre z. B., diese auf dunkles Papier zu malen und innerhalb des Zoos mit dem Bild von Gehege zu Gehege zu „wandern" und zu sehen, was anders ist. Gerade für Kinder, die Schwierigkeiten haben, sich längere Zeit auf eine Sache zu konzentrieren, ist dieser Ortswechsel sehr hilfreich.

Zuckerkreiden-Rezept:

Tafelkreide in unterschiedlichen Brauntönen und Weiß in kleine Stücke brechen (oder Reste verwenden), sodass pro Kind mindestens ein Stück zur Verfügung steht. Wasser mit Zucker in einem großen Schraubglas verrühren (etwa 1–2 Esslöffel Zucker auf 1/4 Liter Wasser). Der Zucker dient dabei als Bindemittel, die Farben haften so besser auf dem Papier und leuchten intensiver. In dieser Zuckerlösung die Kreiden einige Zeit (z. B. über Nacht) stehen lassen.

Möglichst die Flüssigkeit erst vor Ort abschütten, damit die Kreide schön feucht bleibt. Die feuchte Kreide lässt sich deckend und ohne Druck vermalen. Daher eignet sie sich besonders für ein großflächiges Arbeiten. Ihre Leuchtkraft erscheint erst, wenn sie trocken ist. Um die Zeichnungen unbeschadet aufzubewahren, empfiehlt es sich, die Bilder mit Fixativ oder Haarspray einzusprühen.

Da Zuckerkreide eine Weile liegen muss, ist es ratsam, die Kreide am Vortag (eventuell gemeinsam mit den Kindern) vorzubereiten. Die Zuckerkreide ist dann fertig, wenn keine Luftbläschen mehr aufsteigen. Reste der Zuckerkreide lassen sich weiter verwenden, wenn sie getrocknet (nicht im geschlossenen Behälter) aufbewahrt und bei Bedarf wieder in Zuckerwasser gelegt werden.

Material: Tafelkreide in verschiedenen Brauntönen und Weiß, Zucker, ein großes Schraubglas (für den Transport), Quarkbecher oder ähnliches Gefäß (zum Bereitstellen der Zuckerkreide), schwarzes Tonpapier (mindestens DIN A3), Fixativ oder Haarspray

Der Flamingo:
Drahtfigur mit Stoff und Wolle

Am Anfang steht die Beobachtung und Beschreibung der Flamingos. Besondere Aufmerksamkeit verdienen die extrem langen Beinen, der gebogene Hals sowie der abwärts geknickte Schnabel. Auch die auffällig rosafarbenen und roten Federn sind natürlich Gesprächsthema.

Drahtgerüst:

Jedes Kind bekommt ein etwa 60 cm langes Stück Draht, aus dem der gesamte Flamingo gebogen wird. Die Drahtstärke sollte sich noch gut von der jeweiligen Altersgruppe (ohne Hilfsmittel) biegen lassen, aber dennoch eine gewisse Festigkeit besitzen. Am Schnabel beginnend biegen die Kinder parallel zur Betrachtung den jeweiligen Teil des Flamingos aus Draht. Gebogen wird nur der Umriss, die Zwischenteile werden später mit Stoff und Wolle gefüllt.

Den Hals nur einfach, d. h. mit einer einzigen Drahtlinie biegen. Den Körper in seiner groben Außenform darstellen; dazu am Ende des Halses zuerst den Rücken und Schwanzbereich, dann den Draht über die Brust wieder bis zum Hals biegen. An dieser Stelle die Drahtteile einmal miteinander verdrehen, damit das Ganze stabiler wird. Das verbleibende Stück Draht im Bauchinneren bis zur Mitte des unteren Drahtes und dann ziemlich gerade nach unten zu einem Bein formen. Eventuell zu lang geratene Stücke am Ende entsprechend mit der Zange kürzen. Dieses Grundgerüst sollte in sich schon relativ stabil sein.

Umwickeln mit Stoffbändern:
Der rosa Stoff wird nun in lange Fetzen gerissen. Je länger die Fetzen sind, umso einfacher ist es später beim Wickeln. Diese Arbeit kann bereits vor dem Zoobesuch erfolgen. Im Schnabel das eine Stoffende gut festknoten und dann möglichst kreuz und quer um den Kopf wickeln.

Falls der Stoff vom Draht rutschen sollte, erneut durch das bereits Gewickelte hindurchgehen. Je öfter die Richtung gewechselt und je häufiger angezogen wird, umso besser hält das Ganze. Nachdem der Kopf komplett ausgefüllt ist, weiter den Hals hinunter über den Körper zu den Beinen fortfahren.

Sollte das Stoffstück zu Ende gehen, einfach ein neues Stück anknoten. Zum Schluss noch einmal festziehen und das Stoffende verknoten.

Umwickeln mit Wolle:
Am Körper beginnend nun den ganzen Flamingo mit Wolle umwickeln, so lange bis kein bzw. nur noch wenig Stoff zu sehen ist. Der Bauch sollte, entsprechend den Proportionen eines Flamingos, am dicksten sein. Auch hier immer mal wieder die Richtung wechseln. Zum Schluss bekommt der Flamingo noch zwei schwarze Holzperlen als Augen aufgeklebt und je nach Geschmack rechts und links eine rosa Feder als Flügel.

Material: Draht (mittlere Stärke), Zange, pro Kind etwa ein DIN A3 großes Stück rosa Stoff (nicht zu glatt, sonst rutscht er leicht), pro Kind 1 Knäuel rosa Wolle, schwarze Perlen (Augen), evtl. rosa Federn (Flügel), Bastelleim, Schere

Der Elefant: Fingerpuppe aus Gips

In Kapitel 2 gibt es bei den spielerischen Elementen ein Spiel-Gedicht, das sowohl als Einstieg wie auch als Abschluss dieser Gestaltungseinheit mit der fertigen Gipsfingerpuppe eingesetzt werden kann.

Arbeit mit Gipsbinden:

Für die Herstellung der Fingerpuppe werden Gipsbinden in etwa 3 cm breite Streifen geschnitten. Die Kinder entscheiden, auf welchen Finger die Fingerpuppe passen soll und schmieren diesen mit Vaseline ein. Die Gipsbindenstücke kurz durch eine Schüssel mit Wasser ziehen. (Das Umfeld gut abdecken, es wird viel gekleckert!) Die Streifen etwa 3 Lagen dick auf den Finger auftragen; so lange streichen, bis das Muster der Gipsbinde nicht mehr zu sehen ist, sie also ganz glatt ist. Am oberen Ende (dem späteren Kopf) kann es ruhig etwas dicker werden.

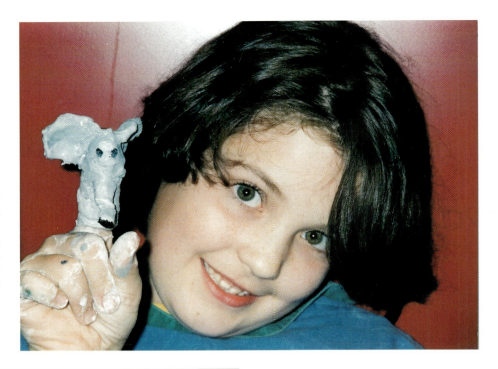

Ohren und Rüssel entstehen:

Wenn der Grundkörper soweit fertig ist, wachsen Ohren und Rüssel. Zuerst die Ohren aus zwei übereinander gelegten Gipsbindenstücken formen und diese dann an der Seite der Fingerpuppe anbringen. Beim Trocknen (maximal 3 Minuten) die Finger so drehen, dass das Ohr gerade herunterhängt, dann bleibt es später auch so abstehend. Das Ganze kurz trocknen lassen, erst dann das zweite Ohr in derselben Art befestigen.

Zum Schluss den Rüssel aus mehreren Gipsbindenstücken formen (ein Elefantenrüssel hängt selten gerade herunter), kurz trocknen lassen und mit weiteren Gipsbindenstücken gut befestigen. Die Puppe kann noch vor dem vollständigen Trocknen mit grauer Farbe angemalt werden. Nachdem diese angetrocknet ist, mit einem dünnen Pinsel Augen auftupfen. Und dann heißt es losspielen!

Material: pro Kind 1 Gipsbinde (auch Reststücke), Vaseline, Schere, Wassergefäß, graue Farbe (Tempera), schwarze Farbe für die Augen, Pinsel

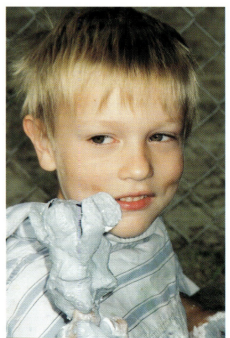

Der Löwe: Strohkragen-Collage

Gestalten des Hintergrundes:
Ein weißes Blatt mit etwas Klebeband am Tisch oder mit Nadeln an der Wand befestigen, sodass es während des Arbeitens nicht verrutschen kann. Den Schwamm kurz in Wasser tauchen, dann aber so ausdrücken, dass er nicht mehr tropft. Auf den nassen Schwamm etwas hellbraune Farbe geben und damit das Blatt in Wisch- oder Tupfbewegungen grundieren.

Die Farbe sollte nicht zu dick aufgetragen werden und eher etwas durchscheinend sein. Das Trocknen kann anschließend mit einem Fön beschleunigt werden. Ältere Kinder können den Hintergrund des Bildes auch etwas differenzierter ausgestalten, z. B. mit einer Grassteppenlandschaft.

Der Löwe:
Interessante Fragen für den Einstieg: Welche Farbe hat ein Löwe? Sehen männliche und weibliche Tiere gleich aus? Wie sieht seine Mähne aus? Hat er spitze oder runde Ohren? Entsprechend der gefundenen Antworten mischen die Kinder ihre „Löwen-Farbe", die das gesamte Blatt füllend, mit Ausnahme der Mähne, aufgetragen wird. Details wie Augen, Nase, Schnurrhaare, Maul und Krallen erst später auf die getrocknete Farbe aufmalen oder aufkleben.

Löwenmähne aus Stroh:
Die Mähne aus zurechtgeschnittenem Stroh aufkleben. Vorzugsweise den Leim direkt auf das Papier auftragen und dann erst das Stroh auflegen. Anschließend noch Augen, Maul, Nase, Krallen und Schnurrhaare anbringen. Je nach Alter der Kinder können weitere Einzelheiten wie z. B. schwarze Schwanzspitze, Vertiefung der Ohren besprochen und anschließend im Bild verdeutlicht werden.

Material: dickeres DIN-A3-Papier, Klebeband oder Nadeln, Farbe (Braun, Ocker, Schwarz), kleinen Schwamm (zum Grundieren), Pinsel, Knöpfe (Augen), Stroh (Mähne), Holzleim, Schere

Das Krokodil:
Wachsmalkreide mit Wasserfarbe

Die Technik der Übermalung lebt davon, dass Wasserfarbe auf Wachs nicht haftet und so bereits gemalte Bilder nachträglich mit einem Hintergrund versehen werden können. Zuerst also mit wasserfester Wachsmalkreide das gewünschte Motiv aufzeichnen und dann anschließend die noch frei bleibenden Stellen mit Wasserfarbe ausmalen. Das Ergebnis wird meist klarer, wenn nur mit einem Farbton übermalt wird.

Malen mit Wachsmalkreide:

Auf das noch weiße Papier das Krokodil Blatt füllend mit Wachsmalkreiden zeichnen. Wichtig: dabei fest aufdrücken, um eine gleichmäßige und voll deckende Farbschicht zu bekommen. In nicht ausgefüllten Zwischenräumen haftet sonst später die blaue Farbe des Hintergrundes. Das Krokodil mit weißen Zähnen, verschiedenen grünen Schuppen und Zacken sowie leuchtenden Augen vervollständigen.

Übermalen mit Wasserfarbe:
In der Regel sieht man ja von einem Krokodil, das sich im Wasser befindet, nicht alles. Gerade mit etwas älteren Kindern kann besprochen werden, welche Körperpartien an der Wasseroberfläche auftauchen. Wer möchte, kann nach Fertigstellung des Krokodils noch ein paar Wellenlinien mit blauer Kreide aufzeichnen, das macht das Wasser etwas lebendiger. Anschließend das gesamte Bild mit stark verdünnter blauer Wasserfarbe übermalen. Mit einem dicken weichen Pinsel geht es am besten und die Farbintensität der Kreide bleibt erhalten.

Material: weißes Papier DIN A3, wasserfeste Wachsmalkreide oder Pastell-Ölkreide in mehreren Grüntönen, Weiß (Zähne), Gelb und Schwarz (Augen), blaue Wasserfarbe, dicker weicher Pinsel

Das Nilpferd: Leder-Collage

Als Einstieg für diese Collage können viele unterschiedliche Materialien zum Thema Nilpferd mitgebracht werden, z. B. eine realistische Nilpferdfigur aus Plüsch oder Plastik, große Poster und Bildbände. Angeregt durch diese Impulse fragen die Kinder meist von sich aus: Wo leben Nilpferde eigentlich? Warum heißt es „Pferd"? Sie werden dabei feststellen, dass sich ein Nilpferd einen Großteil seines Lebens im Wasser aufhält.

Hintergrund aus Farbe und Folie:

Blaue Farbe mit etwas Tapetenkleister mischen und in großzügigen Wellenbewegungen auf das Papier auftragen. Anschließend kleine Stücke Frischhaltefolie als Wellen ebenfalls mit Tapetenkleister aufkleben. Das Bild sollte angetrocknet sein bevor weitergearbeitet wird (dauert je nach Menge des verwendeten Tapetenkleisters 1–2 Tage).

Das Nilpferd:

Nachdem das richtige Umfeld für das Nilpferd arrangiert ist, wird in der Gruppe besprochen, wie viel von einem Nilpferd im Wasser sichtbar ist. Wie sieht es aus, wenn das Maul geöffnet ist? Wo sitzen seine Ohren und Augen? Danach wird mit braun-grauer Farbe ein Nilpferd ins Wasser gemalt. Es empfiehlt sich, möglichst groß und formatfüllend zu arbeiten. Es erleichtert den Kindern oft die Farbwahl, wenn die Farbe eingangs gemeinsam gemischt wird.

Kombination mit Leder, Filz, Knöpfen: Im Anschluss an das Malen farblich passende Lederreste in kleine Stücke schneiden und mit Holzleim auf das gemalte Nilpferd aufkleben. Da sich bereits ein kreativ gestaltetes Nilpferd darunter befindet, können ruhig Lücken entstehen, durch die der Hintergrund malerisch durchscheinen kann. Zum Schluss noch mit Augen, Ohren und Zähnen ergänzen.

Material: Tonkarton, blaue Temperafarbe, Tapetenkleister, Pinsel, Frischhaltefolie, braune und graue Lederreste, braune und graue Temperafarbe, Knöpfe (Augen), weißer Filz (Zähne), Holzleim

Die Affen: Schuhkartonplastik

Begonnen wird mit der Gestaltung des Lebensraums der Affen. Mit den Kindern gemeinsam erarbeiten, dass viele Affenarten auf Bäumen leben und meist mehrere Tiere etwas gemeinsam tun. Als typisches Attribut wird häufig die Banane genannt. Auch für individuelle Vorstellungen der Kinder sollte immer Platz sein.

Bemalung der Deckelinnenfläche:

Jedes Kind erhält einen Schuhkartondeckel (mittlerer Größe) für sein späteres Bild. Oben für den Himmel blaue und unten für Gras und Wald grüne Farbe verwenden. Auch die inneren Seitenwände entsprechend bemalen. Die Außenseiten können nach Belieben (einfarbig) bemalt werden.

Ausgestaltung mit Naturmaterial:

In den etwas angetrockneten Schuhkartondeckel mit Holzleim einen Baumstamm aus Rindenstücken kleben. Aus unterschiedlich grünen Wollfäden werden „Wollblätter" geformt; zusätzlich können getrocknete (Lorbeer-)Blätter verarbeitet werden. Auch für Sträucher und Gras eignet sich Wolle. Am Boden, je nach Wunsch, noch kleine Steinchen aufkleben. Wattewolken am Himmel vervollständigen das Bild.

Modellieren des Affen:
Nun modellieren die Kinder ihre Affenfiguren aus brauner Knete, häufig mit Baby auf Bauch oder Rücken. Auch an Lianen schwingende und spielende Affen entstehen dabei. Zum Schluss werden die Figuren in den vorbereiteten Deckel geklebt.

Bilder in solch eingefassten Einheiten ergeben gerade bei reliefartigen Arbeiten eine gewisse Stabilität. Ein Schuhkartondeckel bietet hierfür die ideale Größe und das spätere Werk wird gleichzeitig durch die Seitenwände gerahmt. Der gesetzte Rahmen gibt einerseits eine Begrenzung vor, ermöglicht den Kindern dennoch ein freies Arbeiten und damit verbundenes Umsetzen eigener Vorstellungen.

Material: Schuhkartondeckel, Rinde, grüne Wolle, Steinchen, Holzleim, braune und schwarze Knete, gelbe Knete (Banane), Watte (Wolken), grüne und blaue Schulmalfarbe

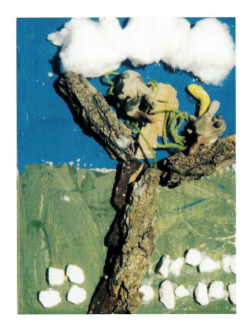

Der Elefant: Genähte Filzpuppe

Vor Beginn mit der direkten Arbeit an einer Elefantenpuppe zunächst einen Schnittbogen erstellen. Vorgegebene Schablonen haben nur selten eine entsprechende charmante Wirkung wie selbst gestaltete Entwürfe.

Anfertigung eines Schnittmusters:

Auf einem weißen Stück Papier zeichnet jedes Kind mit einem dicken Stift sein individuelles Schnittmuster für den Elefanten auf. Hierzu einfach nur den Umriss aufmalen, am besten ohne Ohren, Stoßzähne und Schwanz. Der Elefant sollte mindestens etwa 10 cm hoch sein. Je größer er ist, umso einfacher ist das Nähen und Umdrehen der Hülle.

Diesen „Schnittbogen" (am besten mit zwei kräftigen Beinen und nur leicht gebogenem Rüssel) ausschneiden. Diese Elefantenvorlage mit einem schwarzen Filzstift auf den doppelt liegenden grauen Filz übertragen. In etwa 2 cm Abstand zum Rand zusätzlich eine gestrichelte Linie um den gesamten Elefanten auftragen und daran entlang den Elefanten aus dem doppelt liegenden Stoff ausschneiden. Es entstehen zwei gleiche Stücke.

Nähen der Hülle:

Die beiden Stücke an der schwarzen (durchgezogenen) Linie zusammennähen, wobei oben am Rücken ein mindestens 5 cm großes Loch bleibt, durch das der Elefant später umgedreht und gefüllt wird. Es ist nicht wichtig, dass die Kinder besonders „ordentlich" nähen, es sollten nur keine zu großen offenen Flächen zwischen den einzelnen Stichen bleiben. Sollte dies doch der Fall sein, kann mit etwas Holzleim an den entsprechenden Stellen „nachgebessert" werden. Es empfiehlt sich, eine Stopfnadel und das Nähgarn doppelt zu verwenden. Die Fäden sollten nicht zu lang sein, denn sonst verknoten sie sich leicht beim Nähen.

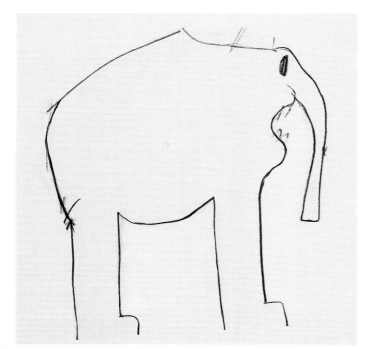

Füllen und Fertigstellen der Puppe:
Ist der Elefant komplett zusammengenäht, wird er vorsichtig umgedreht und die Fadenenden verknotet. An Rüssel und Beinen kann man beim Umdrehen vorsichtig mit der Rückseite eines Bleistiftes nachhelfen. Nicht zu fest drücken, sonst reißt die Naht. Der vollständig umgestülpte Elefant wird nun mit Watte gefüllt, wobei mit Rüssel und Beinen begonnen wird. Auch hier wieder mit einem Bleistift im Rüssel und in den Beinen die Watte nachstopfen und erst dann den Körper ausfüllen.

Der Elefant sollte prall gefüllt sein. Dann das letzte Stück des Elefanten mit Holzleim zukleben und zwar so, dass der überstehende Rand innen aneinander geklebt wird, es also hinterher wie eine Naht aussieht. Anschließend zwei Knöpfe als Augen und zwei große Ohren aus Lederresten ausschneiden und mit Holzleim befestigen. Auch ein Schwänzchen aus grauer Wolle ist möglich. Einige der Elefanten bekommen dann noch Stoßzähne aus weißen Pfeifenputzern und fertig ist die Elefantenpuppe.

Material: grauer Filz, reichlich weiße Blätter DIN A4, Stifte, schwarzer dicker Filzstift, Stoffschere, graue/braune Lederreste (Ohren), Knöpfe (Augen), weiße Pfeifenputzer (Stoßzähne), etwas dickere Stopfnadeln (14/16), graues Nähgarn, reichlich Watte, Holzleim, evtl. graue Wolle

Das Zebra: Kartondruck

Für das nachfolgende Druckverfahren ist zwar etwas Fingerfertigkeit und eine gewisse Abstraktionsfähigkeit in der Umsetzung erforderlich, aber die Wirkung ist umso beeindruckender.

Der Druckstock:

Als Grundplatte wird ein Stück dicker Karton (z. B. von einem Umzugskarton) verwendet. Auf diesen Karton zeichnen die Kinder ein Zebra. Wichtig ist dabei, schon frühzeitig darauf hinzuweisen, dass später gedruckt wird und Details nicht eingezeichnet werden müssen. Eigentlich genügt der Umriss des Zebras. Es sollte nicht zu klein gearbeitet werden, da die einzelnen, später aufzuklebenden Stücke dann nur schwer aus dem dicken Karton ausgeschnitten werden können.

Aus den Kartonresten werden einzelne Teile wie z. B. die schwarze Schnauze ausgeschnitten und aufgeklebt. Günstig ist es, vor dem Aufkleben der Streifen Augen, Ohren und Schnauze zu gestalten, da diese sonst später leicht untergehen. Bei den Streifen darauf achten, dass sie am Bauch in einer anderen Richtung wie an den Beinen verlaufen.

Material: Kartons (Verpackungsmaterial), Klebstoff, schwarze Linoldruckfarbe, Linoldruckwalzen (oder Tapetenwalzen), Platten zum Auftragen der Farbe (z. B. Glasplatte, alte Fliese etc.), weißes saugfähiges Papier (etwas größer als die Kartonplatten), alte Schuh- bzw. Kleiderbürsten

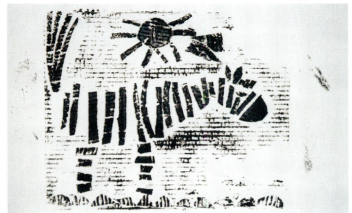

Der Druck:

Nach Fertigstellung der Druckstöcke kommt der spannende zweite Gestaltungsteil: der eigentliche Druck. Auf eine Glasplatte, Fliese oder Ähnlichem die Linoldruckfarbe auftragen. Anstelle der speziellen Linoldruckwalzen können auch sogenannte Tapetenwalzen verwendet werden, die sehr viel kostengünstiger sind. Die Walze so in der Farbe hin und her bewegen, dass sie komplett mit Farbe bedeckt ist.

Nun den erhabenen Teil des Druckstocks einwalzen. Es ist nicht möglich, die sehr kleinen Ecken und Winkel mit der Walze zu erreichen, aber diese Unregelmäßigkeiten machen gerade den speziellen Charme des Kartondruckes aus. Obenauf nun das Papier legen, das immer etwas größer als der Druckstock sein sollte.

Mit einer alten Bürste so lange mit etwas Druck darüber streichen, bis sich die Farbe vom Druckstock auf das Papier übertragen hat. Vorsichtig das Papier vom Druckstock abheben und trocknen lassen.

Die Giraffe: Pappmaché-Figur

Eine Giraffe nachzubauen ist ein statisch nicht ganz leichtes Unterfangen, deshalb wird ein stabiles Grundgerüst benötigt, nämlich vier fest gewickelte Rollen, die dann zu Beinen werden.

Die langen Beine: Hierfür wird das Zeitungspapier doppelt gefaltet (je Bein eine Doppelseite) und um einen Schaschlikspieß möglichst fest gerollt. Fixiert wird es an den Enden mit Krepp-Klebeband, sodass es sich nicht lockern kann. Gerade die Beine sollten gründlich und etwas dicker gearbeitet werden, da später das ganze Gewicht auf ihnen ruht. Die vier Zeitungsrollen auf eine einheitliche Länge schneiden, damit die Figur hinterher nicht wackelt.

Der Giraffenhals: Nach dem gleichen Prinzip den Hals wickeln. Das Ende des Halses wird einfach ein Stück umgeknickt und bildet dann den Kopf (hier sollte deshalb am Halsende der Schaschlikspieß nach unten hin etwas rausgezogen werden). Das Ganze gut mit Kreppband fixieren.

Zum Schluss kommt der Körper dran. Hierfür eine Zeitungsdoppelseite länglich zusammenknäulen und in eine weitere Doppelseite einpacken, die wiederum mit dem Kreppband zusammengeklebt wird. Nun die einzelnen Teile ebenfalls mit Kreppband aneinander kleben, sodass die Giraffe bereits völlig selbstständig stehen kann. Am Kopf noch zwei Streichhölzer als Hörner anbringen.

Technik des Kaschierens:
Im nächsten Arbeitsschritt mit klein gerissenen Zeitungsstücken, die bis zu den Rändern mit reichlich Tapetenkleister eingeschmiert sind, die gesamte Giraffe (mindestens drei Schichten) überkleben. Es empfiehlt sich, bei den Beinen zu beginnen, denn der Körper wird sehr schwer, wenn er nass ist. Auch ein kleiner Schweif und die Ohren können jetzt noch aus nasser Zeitung modelliert werden.

Wichtig ist, dass die einzelnen Teile gut miteinander verbunden werden, also die Zeitungsstücke auch über die „Nahtstellen" der einzelnen Giraffenteile hinausgehen. Mit Tapetenkleister sollte nicht gespart werden. Erst wenn die Zeitung dunkelgrau wird, ist ausreichend Kleister verwendet worden. Deswegen besonders am Anfang hin und wieder die gesamte Giraffe ohne weitere Zeitungsschicht mit reichlich Kleister einschmieren.

Bemalen der Figur:
Eventuell muss die Giraffe beim Trocknen mit einem Stück Holz oder ähnlichem „gestützt" werden, damit sie hinterher in Form bleibt. Bemalt werden sollte sie erst, wenn mindestens die äußersten Schichten wieder hell werden (nach ca. 2–4 Tagen). Die gesamte Giraffe anschließend gelbbraun grundieren. Erst nachdem diese Schicht getrocknet ist, die braunen eckigen Flecken aufmalen.

Hilfreich ist es, hierzu noch einmal gemeinsam das „Muster" einer Giraffe zu betrachten. Denn eine Giraffe hat keine exakten runden Punkte, sondern eigentlich eher ein gelbes „Netz" auf braunem Grund. Die Flecken sollten also eher eckig sein und nicht zu weit auseinander liegen. Zum Schluss noch Augen und Nasenlöcher aufmalen.

Material: reichlich Zeitungspapier, Tapetenkleister, Schaschlikspieße, Kreppklebeband. Gefäße zum Anrühren, gelbe und braune Temperafarbe (Wasserfarbe ist nicht geeignet), Streichhölzer als Hörner

Der Leopard: Stoff-Collage

Regenwald aus Materialmix:

Mit dem Hintergrund auf einem dickeren Tonkarton beginnen, damit das Bild stabil ist. Grüne Papiere, Stoffe und Gemüsenetze mit reichlich Tapetenkleister aufkleben. Auch grüne Wolle kann wie eine täuschend echte Regenwaldbepflanzung aussehen. Je üppiger der Hintergrund ist, umso besser wirkt der Leopard hinterher.

Collage aus Textilmaterialien:

Auf einem Stück gelben Stoff mit einem dunklen Stift den Umriss eines Leoparden aufzeichnen. Das Stoffstück sollte dabei nicht zu klein sein, denn der Reiz hängt entscheidend von der Tiergröße ab.

Den Leoparden an der Linie ausschneiden und spiegelverkehrt (damit eventuelle Reste der aufgezeichneten Linie nicht mehr zu sehen sind) auf dem inzwischen angetrockneten Untergrund mit Holzleim fixieren. Achtung: Ist der Untergrund noch zu feucht, kann grüne Farbe vom Seidenpapier durch den Stoff durchschlagen!

Die Collage noch mit zwei Knopf-Augen und einer Knopf-Nase mit Schnurrhaaren weiter ausgestalten. Später, wenn die Flecken da sind, gehen solche Teile leicht unter. Deswegen ruhig auffälliges Material verwenden. Die braunen Fellreste in kleinen Stücken als Fellflecken hinzufügen. Wer möchte, kann aus klein geschnittenen Zahnstochern noch Krallen gestalten.

Material: Tonkarton etwa DIN A3, gelbe Stoffreste oder Filz (pro Kind etwa 30 x 40 cm), braune Fellreste, dunkelfarbige Buntstifte, Scheren, Tapetenkleister, Holzleim, Knöpfe oder Perlen (Augen und Nase), braune Wolle oder Bast (Schnurrhaare). Für den Hintergrund: z.B. grüne Gemüsenetze, verschiedene Sorten grünes Papier, grünen Stoff, grüne Wolle, Zahnstocher (Krallen).

5. Weiterführende Ideen

Betrachtung eines Kunstwerks: „Besuch im Zoo" von August Macke

Abbildung: Zoologischer Garten I, 1912, Öl auf Leinwand, 58,5 x 98 cm (München, Städtische Galerie im Lenbachhaus)[2]

[2] Abbildung aus: Doris Kutschbach: Der Blaue Reiter im Lenbachhaus München, 1996 (Prestel-Verlag), Seite 25

Auch Künstler und Künstlerinnen setzen sich mit dem Thema Zoo auseinander. Der deutsche Künstler August Macke (1887–1914) vermittelt uns einen Eindruck davon, wie ein Zoobesuch 1912 ausgesehen haben könnte. Flamingos, Papageien, Kakadus und Antilopen werden aus nächster Nähe beobachtet. Es gibt viele Gemeinsamkeiten mit der heutigen Zooanlage zu entdecken. Ausgehend von solch einem Kunstwerk kann zur Vor- bzw. Nachbereitung eines eigenen Zoobesuches noch weiter zum Thema gearbeitet werden.

Ausstellung im Klassenraum oder im Schulhaus

Als Abschluss eines längerfristigen Projektes oder zur Vertiefung eignet sich eine Präsentation der entstandenen künstlerischen Arbeiten im Klassenraum oder im Schulhaus. Zweidimensionale Arbeiten können als großflächige Wandgestaltung das Erlebte wieder wach werden lassen.

Plastische Arbeiten, wie z. B. die Pappmaché-Giraffe oder die Elefantenpuppe, können in einer gemeinsam angelegten Landschaft präsentiert werden. Ein großer Kasten wird hierzu mit Erde und kleineren Pflanzen gefüllt. Mit etwas Sand und einer kleinen Wasserstelle bzw. einem angedeuteten Fluss entsteht eine afrikanische Steppe. In diese Landschaft werden die Tiere dann integriert. Für die Kinder ist es auch ein tolles Erlebnis zu sehen, wie die Pflanzen rund um ihre Tiere wachsen. Die künstlerisch gestalteten Arbeiten sollten allerdings auf der feuchten Erde durch Folie oder vorherige Lackbehandlung geschützt werden.